AF220857

WIDMUNG

Dieses Buch

ist all jenen gewidmet,

denen die Liebe für das eigene Wesen,

abgesprochen oder gestohlen wurde.

Im Besonderen gilt die Widmung

jenen, die die Organisation

der Zeugen Jehovas verlassen

und sich auf den Weg

der Selbstverwirklichung,

dem Weg zu sich selbst,

begeben.

INHALTSVERZEICHNIS

Autorin und Copyright Silvia Lackner   August 2018

Einleitung:
SELBSTLIEBE UND
ZEUGEN JEHOVAS

Ich erkläre hier ausdrücklich, dass der gesamte Inhalt dieses Buches ausschließlich meine eigene, persönliche Meinung und Sichtweise beschreibt, zu der ich durch eigenes Erleben, persönliche Beobachtung, logischem Analysieren gelangt bin. Alle daraus gezogenen Schlussfolgerungen und gewonnenen Erkenntnisse, die ich hier wiedergebe, stellen keinen Anspruch auf absolute Richtigkeit dar und enthalten keinerlei Verbindlichkeit. Der Inhalt dieses Buches stellt keine Hetze gegen die Organisation der Zeugen Jehovas und/oder gegen den einzelnen Zeugen dar und ist frei von verleumderischer Absicht und unbegründeten Vermutungen.

Den Bezug zur Liebe für das eigene Wesen erlebte ich als Zeuge Jehovas so:

Der Zeuge liebt sich selbst nicht, schon gar nicht bedingungslos. Das ist auch gar nicht möglich, denn das oberste Gebot ist, Jehova mit ganzem Herzen, ganzer Seele und ganzem Sinn zu lieben. Eine andere Stelle fordert noch zusätzlich, Jehova auch mit ganzem Verstand und mit ganzer Kraft zu lieben.

Wenn der Mensch sein ganzes Sein (Herz, Seele, Sinn, Verstand, Kraft) auf ein einziges „fremdes" Wesen ausrichtet, wieviel Raum bleibt dann noch für sich selbst?

Es gibt auch ein „zweites" Gebot, das Jesus dem ersten gleichstellt, und das fordert, den Nächsten zu lieben wie sich selbst, wobei der Begriff „Nächster" den Mitmenschen an sich bezeichnet (egal ob Mitzeuge oder nicht).

Gleichzeitig jedoch hat der Zeuge Jehovas alle Menschen außerhalb der Organisation als „schlechte Gesellschaft" zu betrachten, und es gilt das Gesetz (der Organisation), diese zu meiden. Denn durch ihre unreinen Gewohnheiten haben solche Menschen verderbenden Einfluss auf einen reinen Anbeter Jehovas, so die Begründung. Außerdem ist die komplette Welt (alles außerhalb der Organisation der Zeugen Jehovas) unter dem Einfluss und der Herrschaft Satans, dem Teufel, und seinen Dämonen und damit Werkzeug Satans gegen die wahren Diener Jehovas. Freiwillig sollte ein Zeuge sich mit solchen Gegnern also nicht abgeben.

Welche Art von Liebe kann also tatsächlich „dem Nächsten" entgegen gebracht werden? Diese gleiche Liebe darf ein Zeuge für sich selbst empfinden.

Die Organisation sagt andererseits durchaus, dass es wichtig für jeden einzelnen Zeugen ist, sich selbst zu lieben. Aber um das tun zu können, müsse der Zeuge dem nachkommen, was in Gottes Augen richtig ist. Denn wenn das nicht getan wird, kommt es zu Schuld- und Schamempfinden, zu innerer Unzufriedenheit und einer unglücklichen Gesamtverfassung, und unser Verhältnis zu uns selbst, zu anderen und zu Jehova selbst wird gestört.

In der Literatur der Organisation in Artikeln, in denen es um „Liebe" geht, wird klipp und klar gesagt, dass Menschen, die Jehova entfremde sind (also all in der Welt), sich durch fehlgeleitete Liebe auszeichnen – einer selbstsüchtigen Liebe, *der Liebe zu sich selbst.*

Das ist die Art des Verständnisses echter Selbstliebe eines Zeugen Jehovas.

Es wird sehr davor gewarnt, sich selbst zu viel zu lieben, und fast penibel darauf geachtet, dies zu vermeiden. Der Selbstliebe zu viel Aufmerksamkeit zu schenken lenke von Jehova und dem Dienst für ihn ab, es mache überheblich, egozentrisch, anmaßend, stolz und verhärte das Herz. Viel besser, als sich dieser Gefahr auszusetzen, sei es, sich vollkommen auf den selbstlosen Dienst für Jehova zu konzentrieren, stetige Opferbereitschaft zu bekunden, viel lieber zu geben als zu nehmen (denn Ausgleich und Belohnung erhielte man ja sowieso über alle Maßen zu seiner Zeit, und das sogar von Jehova selbst), selbstgenügsam zu sein und nicht allzu viel für sich selbst, sondern vielmehr für Jehova und seine Organisation zu tun.

Freilich sind diese (Auf-)Forderungen vielmehr als liebevolle und ermunternde Hinweise der fürsorglichen Leitenden Körperschaft verpackt als so direkt formuliert wie es hier getan wird. Denn damit wird das allzeit aktive Schuldigkeitssystem, Pflichtbewusstsein und Opferdasein des Zeugen angesprochen und animiert. Und es funktioniert bestens.

Umso mehr der einzelne Zeuge sich zum „guten Zeugen Jehovas" hin erzieht bzw erzogen hat, desto mehr wird ihm das Recht zugestanden, „sich selbst" zu lieben. Dass der „gute" oder „ideale" Zeuge aber nicht wirklich er *selbst* ist, sondern hauptsächlich das ist, was er *sein soll,* das wird nicht durchblickt. So liebt er ein Bild, das in ihn eingepflanzt wurde, das als perfekt und ideal hingestellt wird, und das zu erreichen jeder Zeuge angehalten wird, denn früher oder später hat der ernsthafte Zeuge Jehovas dieses Bild zu seinem Selbstbild gemacht und ist völlig davon überzeugt, das zu sein.

Wie sieht dieses Bild des idealen Zeugen Jehovas aus? Und wie färbt es die Selbstliebe?

Kapitel 1:
SELBSTLIEBE UND
DER IDEALE ZEUGE JEHOVAS

Das Ideal, das jedem Zeugen Jehovas vorgegeben wird, ist ein Mensch, der sein gesamtes Leben, all sein Denken, Fühlen und Handeln, der Organisation und ihren Belangen widmet.

Der ideale Zeuge Jehovas liebt sich selbst nicht wirklich, sondern verlagert sein Gefühl der Liebe auf das, was die Organisation sagt und vorgibt. Er liebt deren Interpretation der Bibel, er liebt was in der Bibel steht (u.a. deshalb, weil sie ihm sagt, was wie zu tun ist und ihm eine Richtung vorgibt). Er liebt das Eingebundensein in eine Gemeinschaft, in der er sich gut aufgehoben, geborgen und geschätzt fühlt. Das wird ihm auch so vermittelt, also nimmt er das für wahr und empfindet es (meistens) auch so.

Er liebt die Gefühle, die in ihm hervorgerufen werden, aber nicht das, was er wirklich fühlt – denn damit setzt er sich gar nicht auseinander. Das echte Gefühl hat er größtenteils schon verloren und überlagern lassen mit solchen, die er zu fühlen hat. Und der Verstand ist mächtig: er kann Gefühle erzeugen, die sich absolut echt anfühlen. Der ideale Zeuge Jehovas ist unübertroffener Meister im Erzeugen von Gefühlen und Empfindungen, und der Zeuge glaubt sich in dieser Sache zu 100 %. Dass diese oft seinem Herzen gar nicht entsprechen, nimmt er nicht wahr, denn es darf nicht sein, was nicht sein darf. Und daher ist es das auch nicht.

(Der Geist schafft Realität, in jedem Fall, bei jedem Menschen. Die Leitung der Organisation weiß das sehr wohl, und sie lenkt den Geist des einzelnen so geschickt, dass dieser sowohl bei sich selbst als auch im Kollektiv die gewünschte Realität erschafft.

Der einzelne Zeuge merkt das nicht, weil er sich seiner selbst nicht (mehr) bewusst ist. Sein Herz, seine Seelenkraft, sein Bewusstsein wird ihm geraubt, und er merkt es erst, wenn er sich von der Organisation entfernt.

Das Beschreiben dieses Vorganges und der Technik dahinter ist definitiv keine Hetzt oder Verleumdung, sondern selbst, persönlich, genau so erlebt und analysiert und bei anderen ebenso beobachtet. Wie schon vorher erwähnt, ist etwas Abstand und Distanz erforderlich, um den Ablauf von Vorgängen und wie im vorliegenden Fall von Prozessen erkennen und verstehen zu können. Im Geschehen selbst ist eine distanzierte Betrachtung und Analyse nicht möglich. Deshalb wird kein aktiver Zeuge diese Beschreibung bestätigen (können), sehr wohl jedoch so gut wie alle, die die Organisation der Zeugen Jehovas verlassen haben. Davon kann sich jeder selbst überzeugen.)

Als idealer Zeuge ist man der Organisation gegenüber immer und jederzeit loyal und treu. Bestehende Missverhältnisse werden niemals nach außen getragen, gleich welcher Art diese Missverhältnisse sein mögen, ob es leichte Vergehen oder schwerwiegende Vergehen sind. (Bei sexuellen Übergriffen auf Kinder zB wird dies maximal den Ältesten gemeldet. Diese haben die Anweisung, solche Fälle in keinem Fall zur Anzeige zu bringen bzw. nach außen zu tragen. Es gilt bei der internen Behandlung eines solchen Falles die 2-Zeugen-Regelung, die die Organisation biblisch begründet. Das bedeutet, dass ein Fall nur dann Konsequenzen für den Täter hat, wenn es für diese Tat mindestens einen weiteren Tatzeugen gibt (das Kind gilt nicht als solcher), oder aber der Täter geständig ist. Da beides bei Kindesmissbrauch eher selten der Fall ist (und wenn doch, dann kommt es zu 99,9 % der Fälle mit Tatzeugen zu Falschaussagen des Mittäters), gibt es so gut wie nie Sanktionen für den Täter. Bei geständigem Täter wird dieser ausgeschlossen, einige Zeit später wird er aber, wenn es sein Wunsch ist, wieder in die Gemeinschaft aufgenommen und kann sein Spielchen fortsetzen.)

Der ideale Zeuge Jehovas würde niemals, NIEMALS gegen die Organisation agieren! Tut er's doch, ist ihm sein Ausschluss gewiss.

Das Zeugen-Idealbild kennt keine echten, spontanen Gefühle. Ich rede aus eigener Erfahrung. Laut dem Bibelbuch Jeremia ist das Herz des Menschen verräterisch und ihm ist keinesfalls zu trauen, weshalb es stets vom Verstand behütet im Sinne von „gezügelt" zu werden hat. Der Verstand wird gefüttert von Regeln und Vorgaben der Organisation (die angeblich von „Jehova" geleitet wird, wobei die Leitung der Organisation wiederum interpretiert, wer Jehova wirklich ist und wie das, was er selbst sagt [die Bibel] wirklich zu verstehen ist), und dieser Verstand hat das Herz zu beschneiden an allen Ecken und Enden, wo dies laut Organisationsleitung erforderlich ist.

Deshalb läuft die Aufforderung, Liebe zu leben, für den idealen Zeugen Jehovas in etwa so ab:

Eine Grundforderung der Zeugen Jehovas ist, den Nächsten zu lieben, und als Nachfolger Christi werden sie generell immer wieder angespornt, Liebe zu leben. Was Liebe „wirklich" ist, definiert die Leitung der Organisation bis in alle Einzelheiten, und ebenfalls ist definiert, wie sich echte Liebe anzufühlen hat. Der Zeuge füttert seinen Verstand mit diesen Informationen und befiehlt seinem Herzen, das zu fühlen, was es fühlen soll, um weiterhin in der Gunst Jehovas zu bleiben und nicht vielleicht etwas anderes als es darf zu fühlen.

Wenn das Herz aber dann doch mal etwas anderes fühlt als es vom Kopf aus fühlen dürfte, kommt es zu arger innerer Zerrissenheit und zu argen Schuldgefühlen. Man fühlt sich unwürdig, unwert, überhaupt nicht liebenswert und verachtet seine eigenen Empfindungen und mit der Zeit sich selbst im Gesamten. Das Herz verschließt sich mehr und mehr, so dass man mit der Zeit zu vielen Dingen nichts mehr fühlt.

Es dauert nicht lange, und das Herz des idealen Zeugen Jehovas ist minimalistisch klein geworden. Selbst seinen Mitgläubigen bringt er Liebe aus dem Kopf entgegen, denn er hat verlernt, *echt und spontan* zu fühlen.

Es klingt vielleicht übertrieben und abstrakt. Doch ganz genau so funktioniert der Prozess, ich kann's aus eigener Erfahrung bestätigen und habe es bei vielen, mit denen ich aufgewachsen bin, gesehen und sogar miterlebt.

Der ideale Zeuge Jehovas hinterfragt nichts, was von der Organisation kommt, oder forscht selbst nach, um sich von der Richtigkeit einer Schlussfolgerung oder Aussage zu überzeugen. Die Schlussfolgerungen bestimmter Lehren braucht er auch nicht nachvollziehen zu können, denn er glaubt bedingungslos dem „treuen und verständigen Sklaven" Jehovas, sprich, der Organisation, die von ein paar Männern, die behaupten, direkt von Jehova inspiriert zu sein, geführt wird. Wenn Lehren mit Bibelstellen erklärt werden, die aus dem Zusammenhang gerissenen und neu kombiniert sind, fällt dem idealen Zeugen das nicht auf, denn jedes Wort, jede Silbe, die die Organisation unterbreitet, ist 100 %ig wahr. Immer. Und jederzeit. Das war schon immer so und wird auch immer so sein.

Wenn die Organisation Lehren revidiert, dann ist es nur deshalb, weil das „Licht der Erkenntnis" kleinweise heller wird und der unwürdige Mensch niemals alles, was der große Jehova von sich gibt, verstehen kann. So gibt es immer nur nach und nach grünes Licht für Verständnis, wodurch sich die Lehren natürlicherweise von Zeit zu Zeit verändern. Der ideale Zeuge Jehovas glaubt dieser Argumentation der Organisation Wort für Wort.

Heute scheint es mir in höchstem Maße nicht nachvollziehbar, dass ich auch einmal so dachte, und noch viel weniger, dass ich davon völlig überzeugt war!

Der ideale Zeuge glaubt auch dann alles, was die Organisation sagt, wenn er es mit eigenen Augen anders sieht. Seine Selbstachtung ist so weit gesunken, dass er in solchen Fällen von sich denkt, er kann eben die Dinge niemals so gut verstehen und klar sehen wie der treue und verständige Sklave – und er ignoriert, was er sieht, er weigert sich, es *(für) wahr zu nehmen.* Welch ein Glück für die Organisation!

Als idealer Zeuge folgt er der Aufforderung der Organisation, über die „Wahrheit" BEI JEDER GELEGENHEIT (ob passend oder nicht, ob gewünscht oder nicht etc) zu reden. Dass er oft verspottet und abgelehnt wird, das macht ihm nichts aus, denn er spürt ja schon lange nichts mehr, und wenn doch, dann ist es für ihn nur die Bestätigung, dass es wirklich die „Wahrheit" ist. Denn sagte Jesus nicht selbst, dass seine wahren Jünger von der Welt verspottet und verfolgt werden? Ja, das tat er, und die Organisation interpretiert da noch hinzu, dass genau das einer der Gründe sei, warum die wahre Dienerschaft Jehovas nur unter sich glücklich und zufrieden sein kann.

Wie praktisch das doch ist! Der ideale Zeuge Jehovas braucht selbst niemals über den Tellerrand schauen, denn da draußen ist sowieso alles nur böse und verabscheuungswürdig und vernichtenswert, darum strengt er sich noch mehr an, der IDEALE ZEUGE JEHOVAS zu sein.

Denn nur dann meint er, berechtigt zu sein, Liebe für „sich selbst" empfinden zu dürfen. Und das Ideal zu erreichen verhindert selbstverständlich automatisch, sich selbst zu viel Aufmerksamkeit zu schenken oder gar sich selbst übermäßig zu lieben.

Kapitel 2:
GESUNDE SELBSTLIEBE

Gesunde Selbstliebe ist an sich die Grundlage dafür, andere lieben zu können. Ist die Selbstliebe nicht vorhanden, kann es nur eine Verzerrung der Liebesfähigkeit geben.

Bei fehlender Selbstliebe ist das Herz verwundet. Klar kann dies überspielt werden mit diversen Mechanismen und Masken, aber irgendwann meldet sich eine tiefe innere Unstimmigkeit, die oft nicht zugeordnet werden kann. Deren Ursache wird von den wenigsten erkannt, weil das Herz eines Zeugen nicht mehr ursprünglich fühlen kann; es ist durch Lehre und Leben auf ein Muss und auf ein Minimum reduziert. Und ein Herz, das reduziert ist, das verletzt ist, verliert seine innere Stimme, die an sich sowieso schon ziemlich leise ist. Ich rede hier aus 100 %ig persönlichem Erleben und aus eigener Erfahrung.

Um echte, reine, herzliche, aufrichtige Liebe für sich selbst und andere empfinden zu können, braucht es als Grundlage gesunde Selbstliebe.

Jemand mit gesunder Selbstliebe wird sich selbst immer gut und förderlich behandeln. Er wird niemals zulassen, dass jemand anders sein Selbstvertrauen, seinen Selbstwert oder seine Selbstachtung untergräbt, und falls doch, wird er diesen Bemühungen ein jähes Ende setzen.

Selbstliebe schafft immer einen weiten Raum für die eigene Person. Dieser ist muss nicht weiter oder größer sein als den Raum, den man anderen gewährt, aber er ist auch nicht enger oder kleiner.

Wer sich selbst liebt, erlaubt sich alles zu tun, was sich gut anfühlt. Er entscheidet immer selbst, ob dies den *eigenen* Werten entspricht und *den eigenen*, höheren Zielen förderlich ist und überlässt diese Entscheidung niemandem anderen. Jemand, der sich selbst in gesundem Ausmaß liebt, gibt seine Würde und Eigenverantwortung niemals an andere ab, auch nicht im Austausch für irgendwelche schön klingenden Versprechungen. Ein Mensch, der sich in gesundem Ausmaß selbst liebt, lässt sich nicht kaufen.

Gesunde Selbstliebe hat eine harmonische, weiche, sanfte Ausstrahlung. Sie setzt Grenzen, achtet darauf, dass diese gewahrt bleiben und ist nicht grenzübergriffig. Sie fühlt mit, weigert sich jedoch zu leiden, denn Selbstliebe und Opferhaltung schließen einander aus. Selbstliebe bleibt bei sich selbst, was auch immer passiert, die Liebe *für das eigene Wesen* diktiert Einstellung und Verhalten. Schuldgefühle und Mitleidkomplexe wirken bei einem Menschen mit gesunder Selbstliebe nicht, und ein solcher beteiligt sich an keinen Macht- und Manipulationsspielchen. Und lässt selbige an sich selbst nicht zu.

Bei „Fehlern", Schwächen oder Unzulänglichkeiten hat gesunde Selbstliebe Verständnis und Lernbereitschaft. Selbstbestrafung, Verurteilungs- und Abwertungsmuster kennt sie nicht.

Das ist freilich der Idealfall, und der ist eher selten zu finden, aber ein Gesunden der Selbstliebe zeigt sich in jedem Fall daran, dass eine liebevolle, achtvolle, ehrenvolle, würdevolle und förderliche Einstellung und Behandlung der eigenen Person überwiegt.

Jemand mit gesunder Selbstliebe wird niemals Zeuge Jehovas. Denn das Bestrafungs- und Selbstaufopferungssystem des Zeugen ist so gravierend gegen Selbstliebe aufgebaut, dass einem Menschen mit gesunder Selbstliebe nur übel werden kann davon.

Als Zeuge Jehovas habe ich es so erlebt, dass die natürliche Selbstliebe (was noch vorhanden ist bei jemandem, der Zeuge wird) auf das minimalste Minimum reduziert werden muss, denn anders würde das Zeugensystem nicht funktionieren. Hineingeborene lernen nicht, sich selbst in ihrem ursprünglichen, echten Wesen zu lieben, denn ihnen wird von Geburt an ein falsches Selbst übergestülpt. Sie übernehmen das fraglos und freilich, ohne sich etwas dabei zu denken, bis innere Zerrissenheit sich einstellt und extreme Spannungsfelder sich aufbauen, die die meisten irgendwann erahnen und später im Idealfall genau erkennen lassen, dass da irgendwas Gravierendes nicht stimmt. Von Selbstliebe ist da zwar noch lange keine Spur, aber glücklicherweise ist das Herz des Menschen so stark, dass es nie aufhört, zu versuchen, auf den ureigenen – und damit „richtigen" – Weg zurück zu lenken, sofern man davon abgekommen ist bzw dieser verschüttet wurde. Und genau diese Herzenskraft ist der Motor für die Liebe zu und für sich selbst.

Als Zeuge Jehovas weiß man davon aber nichts, und das eigentlich Katastrophale. Aus dieser Katastrophe gibt es aber einen Ausweg, doch sehen wir uns vorher erst diesen Zustand näher an ...

17

Kapitel 3:
DIE KATASTROPHE

Als Zeuge Jehovas hat man einen sehr großen Abstand zu seinem wahren Selbst. Da ist es leicht für andere, Situationen und Gefühle zu schaffen, die Wohlgefühle und Zufriedenheit vorgaukeln. Es wird ein sich sicher anfühlender Rahmen geschaffen, es werden edle Ziele als Vorgaben für jeden einzelnen in diesen Raum gestellt und es wird jeder angespornt, zum Erreichen dieser edlen Ziele seinen Beitrag zu leisten. So fühlt sich jeder wertvoll, wichtig, gebraucht, geschätzt und sieht Sinn in seinem Leben, ohne zu merken, dass ihm all das von außen eingegeben wird und man Fremdvorgegebenes zum Eigenen macht.

Denn um seinen Lebenssinn selbst zu definieren, braucht es ein unverletztes Herz und gesunde Selbstliebe (die auf gesundem Selbstvertrauen, Selbstwert und gesunder Selbstachtung basiert). Und wer hat das schon in der heutigen Zeit?

Die Liebe zu einem fremdvorgegebenen „Selbst" ist wahrlich eine Katastrophe. Denn dadurch lassen Menschen mit sich Dinge machen, die vielfach echt krass gegen ihre eigene Würde gerichtet sind. Jedem Außenstehenden fällt das auf, nur dem Betroffenen nicht. Der findet es sogar normal und in besonders abnormen Fällen zeigen sich die Betroffenen auch noch als dankbar dafür, dass sie so großartig bevorrechtigt und bevorzugt gesegnet sind.

Menschen mit fehlgeleiteter und dadurch genau betrachtet *gestohlener* Selbstliebe finden Härte gegen sich selbst normal. Manche sind sogar der Überzeugung, sie verdienen es nicht anders und kommen nur dadurch zu einer geistigen Läuterung. Bei den Zeugen Jehovas ist es so. Sie erleiden freiwillig Härtesituationen, in der Überzeugung, Jehova prüfe damit ihren Glauben und so können sie beweisen, dass sie seiner Rettung würdig sind. Sie freuen sich noch über solche Gelegenheiten, und sehen es als Beweis dafür an, in Jehovas Augen würdig zu sein.

Mit solchen Menschen kann man alles machen, vor allem sind sie Entbehrungen und Reduktion gewohnt und beschweren sich nicht darüber, geschweige denn dass solche Menschen aufbegehren würden. Das geht hin bis zu wirklich unmenschlicher Behandlung, die sie zu erdulden bereit sind: Frauen werden von ihren Männern misshandelt, ohne dass sie aufbegehren, denn Jehova hat den Mann ja schließlich zum Haupt der Familie und damit auch der Frau bestimmt, und Paulus führte ganz eindeutig aus, dass die Frau dem Mann untertan sein soll *in allem*. Damit hat der Mann absolute Verfügungsgewalt über die Frau.

Zwar wird der Mann aufgefordert, seine Frau zu lieben wie sein eigenes Fleisch, dummerweise aber lieben sich die wenigsten Männer selbst wirklich, und dementsprechend sieht auch die Liebe zu ihren Frauen aus (klar gibt jeder Mann sein Bestes, das will ich hier auch niemandem absprechen. Wenn die Grundlage für eine Tat jedoch bereits verkorkst ist, kann die Tat auch nur verkorkst sein, so hehr und edel die Absichten auch sein mögen.).

Man sieht, als Zeuge Jehovas ist „Selbstliebe" ein echter Teufelskreis, aus dem es kein Entkommen gibt, solange ein übergestülptes Selbstbild als das eigene betrachtet wird und solange jegliche Form von Liebe für das eigene Wesen von sich selbst auf Jehova (und seine Organisation) verlagert wird.

Gesunde Selbstliebe würde niemals zulassen, dass andere einen schlecht behandeln (und sie behandelt auch andere nicht unwürdig, lieblos). Dass der Zeuge leicht und gern missliche Lagen erduldet, zeigt sehr deutlich den Stand seiner Selbstliebe. Die Regeln, Vorgaben und Anforderungen der Organisation stehen weit über der natürlichen Selbstliebe des einzelnen.

Das Leben und die realen Ereignisse in Verbindung mit den Zeugen Jehovas zeigt: wer sich selbst liebt, verlässt die Organisation. Oder geht besser noch gar nicht hinein.

Die Liebe vom ursprünglichen Selbst weg zu verlagern auf jemanden oder etwas anderes ist in jedem Fall für den einzelnen katastrophal.

Welche Folgen hat das Aufgeben bzw das Fehlen der Liebe für die eigene Person? Und wie steht es damit bei denen, die die Organisation verlassen?

Kapitel 4:
DIE FOLGEN

Mit Menschen ohne grundlegende und echte Selbstliebe kann man so ziemlich Vieles machen. Sie sind leicht manipulierbar, leicht lenkbar, sie lassen sich sehr leicht überzeugen (wenn es logisch und für sie nachvollziehbar ist im Rahmen ihres Glaubensgebäudes). Und man kann relativ leicht über ihre Grenzen gehen.

Die Interpretation und Einstellung der Zeugen Jehovas zum Thema „Liebe" ist eine recht seltsame. Denn sie verknüpfen „Liebe" mit Opferhaltung. „Liebe erträgt alles, glaubt alles, erhofft alles, erduldet alles" - und das soll so lange sein, bis Jehova dem Bösen ein Ende setzt. Als Zeuge wurde mir schon von klein an erklärt, dass schwierige Situationen grundsätzlich als von Jehova kommende Glaubensprüfungen betrachtet werden sollen, und nach dem richtete ich mein Leben aus. Solche Situationen selbst zu beenden wäre eine Art Überheblichkeit Jehova gegenüber, denn wenn ich eine Prüfung vorzeitig beende, wie könnte ich den Beweis für meine Glaubensstärke liefern? Also harrt man aus, lässt die Prüfung über sich ergehen, leidet im Stillen dahin, den treuen Hundeblick erleichterungssehnsüchtig immer auf Jehova richtend und wartet geduldig. Und wartet. Und leidet. Und leidet wartend. Und wartet leidend ... während man sich noch mehr und noch intensiver im Dienst für Jehova verausgabt, um ihm noch deutlicher seinen Glauben zu beweisen ... und verausgabt sich endlos leidend in der sich in den Schwanz beißenden Warteschlange ...

DAS soll Liebe sein??? Fällt noch jemandem auf, wie krank das ist?

Meine Meinung dazu ist folgende:

Genau aus dieser so opferhochhaltenden Liebe heraus lassen Menschen sich würdelos und lieblos behandeln, misshandeln und missbrauchen Menschen einander, ohne dass ihnen das Recht zugestanden wird, sich zu wehren und Grenzen zu setzen. Genau diese Gesinnung ist die Ursache für emotionalen und sexuellen Missbrauch an Kindern, und genau deshalb lassen sich intelligente, erwachsene Menschen emotional erpressen und gehen in Angst und Schuldgefühlen, weil sie die ausgesprochenen Drohungen ernst nehmen. Genau diese Opfer-Liebe (oder ist es das Liebe-Opfer?) ermöglicht es einigen wenigen, mehreren Millionen Gläubigen weltweit ihre Selbstachtung zu stehlen, ihren Selbstwert zu untergraben, ihr Selbstvertrauen in Misstrauen umzukehren und ihnen jegliche Grundlage für echte Selbstliebe zu entziehen.

Noch einmal: DAS soll Liebe sein??? Meiner Meinung und tiefsten Überzeugung nach, meinem Erleben und meinem Verständnis nach ist es das definitiv nicht.

Liebe ist etwas anderes. Ob die Liebe für die eigene Person, für jemanden anderen oder für alles Existente an sich: Liebe fühlt sich weit und geräumig an. Es lässt allem Luft und Raum, fördert in jedem das Edle, Schöne und Gute (aber nicht durch „du sollst", „du musst", „du darfst nicht" usw). Es lässt den anderen sein was er ist, ohne ihn zu bewerten und akzeptiert ihn so, wie er ist als gleichwertig wie die eigene Person. Diese Bewertungen in „gut" und „böse", in „licht" und „dunkel" usw sind das eigentlich Teuflische, denn erst das verursacht die Trennung im Bewusstsein, dass alles mit allem verbunden ist.

Liebe fokussiert sich auf das Lebensförderliche, nicht auf Bestrafung und Vernichtung. Es gibt dem Angenehmen und Wohltuenden Aufmerksamkeit, und nicht Verboten und Einschränkungen. Liebe ist nicht hart und grausam, weder gegen sich selbst noch gegen andere. Und sie setzt Grenzen, anstatt alles zu ertragen und zu erdulden, ohne aufzumucken. Sehr konkrete Grenzen sogar. Liebe begrenzt das, was lebensschädigend ist und zieht Schadenstiftendes zu Verantwortung.

Aber es ist das LEBEN selbst, das die Liebe fördert, und nicht *die Aussicht auf Leben,* während diese angebliche Liebe dabei zusieht, wie das wirklich Lebendige zugrunde geht.

Und es ist das LEBENS-SCHÄDIGENDE, dem sie Einhalt gebietet, und nicht *das Lehren-Schädigende,* während diese angebliche Liebe dabei zusieht, wie denjenigen, die dieser angeblichen Liebe folgen, die Lebenskraft entzogen wird.

Echte Liebe fördert das Selbst, die Einzigartigkeit und Individualität anstatt alles auf Gleichschaltung zu reduzieren und konformieren. Es erhebt den einzelnen weil er ist was er ist und nicht weil er tötet was er wirklich ist und sich Masken überstülpt um zu scheinen was er nicht ist. Sie glaubt an das Gute im Menschen und fördert es anstatt zu kontrollieren, zu manipulieren, zu reduzieren, zu minimieren.

Es mag jetzt vielleicht sehr anmaßend klingen, aber „Jehova" und seine Organisation (oder soll ich sagen „die Organisation und das von ihnen personifizierte Gotteswesen Jehova"?) kann sich im Verständnis von *Liebe* ein Beispiel an einem afrikanischen Stamm nehmen:

Dieser Stamm hat einen Brauch, der zeigt, was Liebe wirklich bedeutet, und wie eng verknüpft „Liebe" mit der Liebe für die eigene Person, für das Individuum, das natürlich Wesen eines Menschen, ist:

Wenn sich jemand unrechtmäßig verhalten hat, wird diese Person ins Zentrum des Dorfes gebracht, wobei der gesamte Stamm sich um diese Person herum versammelt. Ganze zwei Tage lang erzählen sie ihm alle guten Dinge, die er mal gemacht hat und alle guten Eigenschaften, die er hat.

Dieser Stamm ist davon überzeugt, dass jeder Mensch als gutes Wesen auf die Welt kommt, jeder mit dem Wunsch, sicher, geliebt, friedvoll und glücklich zu sein. Doch manchmal passieren dem Menschen auch Fehler bei der Verwirklichung dieser Aspekte. Die Gemeinschaft sieht solche Fehler als Hilferufe an, weshalb dieser Mensch nicht bestraft, sondern unterstützt werden sollte. Jeder von ihnen strebt nach Sicherheit, Liebe und Frieden, und irren sei nun einmal menschlich.

In diesem Moment verpflichtet sich der ganze Stamm, diesem einen Menschen zu helfen, wieder an seinen natürliches Wesen zu gelangen. Alle zeigen ihm, dass sie ihn trotz allem respektieren. Das machen sie mit einer Art Gruß, nämlich dem Wort „Sawabona", das sie ihm wiederholt zurufen. Es heißt soviel wie „Ich respektiere dich, ich schätze dich, du bist für mich wichtig.". Sie helfen ihm, sich daran daran zu erinnern, wer er in Wirklichkeit ist, bis er sich dessen wieder ganz bewusst ist, und diese Person zeigt das dann mit dem Wort „Shikoba", was soviel bedeutet wie „Dann bin ich gut und existiere für dich." Mit diesem Brauch bauen sie die verletzte Person wieder auf, damit sie sich geschätzt und geliebt fühlt.

Dieser Brauch rührt mein Herz, denn es zeugt von echter innerer Achtung des anderen in dem, was er wirklich ist. Das fühlt sich komplett anderes an als die einengenden und selbstreduzierenden Verhaltensstrukturen von „Jehova" und seiner Organisation. Ein Umgang miteinander wie in diesem afrikanischen Stamm üblich ist für mich echte Liebe und ihre Sprache.

Als ich Zeuge war, habe ich erlebt, dass „Liebe" gelehrt und gefordert wird, aber gegenteilig gehandelt wird. Kinder werden emotional und (zum Schock aller aktiven Zeugen) leider auch sexuell missbraucht, Gewaltübergriffe gibt es durch die Bank innerhalb von Familien, ebenso wie Ausbeutung von Arbeitskraft (zB wenn Königreichs- oder Kongresssäle gebaut werden von den so genannten freiwilligen Helfern und anschließend teuer verkauft werden. Die freiwilligen Helfer sehen davon keinen Cent und bekommen auch keine Aufwandsentschädigung. Irgendwann wird das Bauwerk verkauft (mit der Begründung, es sei im Erhalt zu teuer oder man habe eine bessere Zusammenkunftsstätte gefunden oder irgendetwas anderes in der Art, ich habe einige solche Aktionen selbst miterlebt und war aktiv mit dabei), der Erlös kommt der Organisation zugute, der einzelne mit daran beteiligte Verkündiger sieht davon keinen Cent und spendet brav weiter oder vergibt freiwillig für die nächste Aktion ein zinsenfreies Darlehen, das er dann auch nicht einmal mehr zurück haben will und es der Organisation schenkt – Derartiges ist kein Einzelfall!)

Aber da sieht „Jehova" in seiner unendlichen Liebe zu, ohne Maßnahmen zu setzen, denn wozu? Die einzelnen Zeugen haben sowieso kein Gefühl für sich selbst, ihr Herz ist gefühlsminimiert, Liebe für sich selbst haben sie keine, wertschätzen tun sie sich selbst auch nicht, und die meisten achten sich selbst nicht einmal mehr (freilich ohne sich all dessen wirklich bewusst zu sein, denn erzählt wird ihnen ja genau das Gegenteil) ... also kann man's machen mit ihnen.

Und sie spielen mit. Solange sie mitspielen, ist alles in Ordnung. Sagt die Liebe Jehovas und die seiner Organisation. Na dann, passt ja alles, oder?

Alle nämlich, die Gegenteiliges behaupten als das, was die Organisation vermittelt, so wie ich hier zum Beispiel, *weil sie nämlich genau dieses Gegenteil selbst erlebt haben (!!!),* werden dann als Abtrünnige und aktive Gegner Jehovas, sprich von Satan und seinen Dämonen benutzt und wahrscheinlich sogar Besessene, denunziert und, wenn geht, auch noch wegen Verleumdung oder Verunglimpfung verklagt. Leisten kann sie sich's ja, die Organisation ... der einzelne Aussteiger nicht so leicht ...

Wie geht's solchen, die die Organisation verlassen, die Liebe für das eigene wahre Wesen betreffend?

Solche, die hineingeboren wurden, tun sich mit Selbstliebe extrem schwer, denn sie haben ihr Selbst niemals kennengelernt. Wenn solche beim Ausstieg damit konfrontiert werden (und das wird jeder Aussteiger früher oder später), erkennen viele ganz erstaunt, dass der Begriff „Selbstliebe" für sie ein völlig leeres und unbeseeltes Wort ist und sie dessen Bedeutung überhaupt nicht verstehen können.

Kinder lernen von klein auf, hart gegen die eigene Person zu sein. Strenge Disziplin, rigoroses Vorgehen gegen die eigenen Schwächen, Bestrafung bei Fehlern oder Versäumnissen, das gehört zum Aufwachsen eines Kindes bei den Zeugen. Dieses Vorgehen wird im Zuge des Heranwachsens übernommen und an sich selbst eingesetzt. Schuldgefühle, Gefühle der Wertlosigkeit, Verachtung und Unzulänglichkeit und Selbstverurteilung werden tief in die Psyche eingraviert. Das völlig auszulöschen ist ein praktisch nicht umsetzbares Unterfangen. Ein Hineingeborener, der die Organisation verlässt, braucht in den allermeisten Fällen viele, viele Jahre therapeutische Begleitung, um sich all der Schutz- und Verhaltensmechanismen bewusst zu werden, die er im Laufe der Zeugenzeit aufgebaut hat, denn selbst kann man sich all dessen nicht bewusst werden. Zuviel an manipulativ verschachtelten Gedanken- und Verhaltensschemen gibt es da, als dass man das alles selbst durchblicken könnte. Jeder, der etwas anderes behauptet, ist wohl noch mittendrin.

Es erfordert Anstrengung und Dranbleiben, sich aus dem gut verinnerlichten Glaubensgebäude herauszulösen, doch es ist machbar. Wie kann es gehen, das Unmögliche möglich zu machen?

Kapitel 5:
DAS UNMÖGLICHE MÖGLICH MACHEN

Bei allen, die bewusst aus der Organisation hinausgehen, dreht sich ihre anfängliche Liebe in Abscheu und Hass. Der Aussteiger erkennt mehr und mehr die Machenschaften, mit denen die Organisation arbeitet, und je klarer das erkannt wird, desto größer wird die Wut. Einerseits Wut auf diese Organisation, wie sie es wagen kann, „Gott" derart zu missbrauchen, und in seinem Namen so menschenverachtend zu agieren, andererseits Wut auf sich selbst, dass man auf so etwas überhaupt hereinfallen konnte und es nicht schon früher bemerkt hat. Die erste Zeit ist eine Zeit der emotionalen Aufarbeitung, es zeigen sich allerhand Emotionen wie zutiefst empfundener Schmerz im Herzen, Wut, Trauer, Verzweiflung, es gibt depressive Phasen, dann Ohnmacht, Frustration, Verwirrung, viele Schuldgefühle und Selbstvorwürfe ... und vieles andere mehr noch.

Es dauert einige Zeit, bis die emotionale Aufarbeitung erfolgt ist. Sie ist wichtig, denn dadurch wird der Kopf frei, und es wird möglich, sich auf das Wesentliche zu fokussieren: die Loslösung der indoktrinierten Lehren und der gewohnten Lebensführung. Da beginnt die eigentliche Arbeit, denn da geht es um Bewusstwerdung des Selbst, um Hinterfragung von der Richtigkeit von Glaubensinhalten und Überzeugungen für die eigene Person (also nicht darum, ob dieser Glaube oder eine Lehre „richtig" ist, sondern ob sie *für mich* passt, ob ich damit kann, ob das für mich noch stimmig ist).

Der Aussteiger beginnt sukzessive damit, sich Selbstachtung, Selbstwert, Selbstvertrauen und Selbstliebe zu erarbeiten, indem alles aussortiert und sich von allem löst, was ihm auf seinem Weg hinderlich scheint. Die Fähigkeit und Bereitschaft, Loszulassen ist hier ganz, ganz wichtig, ebenso die Offenheit für Veränderung, denn es kann nur etwas Positiveres kommen für den, der sich von der Organisation löst.

Die Selbstliebe behält nur das, was dem Selbst zum Wohle ist. Und so soll es auch sein, denn alles andere ist der Selbstverwirklichung im Weg.

Wertvoll ist, sich ein soziales Umfeld aufzubauen, das sich selbst schätzt und für das Selbstliebe ein beseelter, belebter Begriff ist. Literatur über Selbstliebe (auch wenn esoterisch angehaucht, das macht nichts, ist ebenso hilfreich) ist empfehlenswert. Austausch mit Gleichgesinnten und/oder auch anderen Ex-Zeugen ist ebenfalls eine wertvolle Hilfe, die auch leicht genutzt werden kann. Denn im Internet finden sich Ex-Zeugen-Gruppen oder -Foren, durch die persönliche Kontakte geknüpft werden können. Die Gefahr bei solchen Foren und Kommunikationsgruppen ist jedoch, dass in vielen kein konstruktiver Austausch passiert, sondern man sich selbst und einander bedauert und Vergangenes betrauert, und sich zudem noch über die Richtigkeit diverser Bibelstellen und Auslegungen ereifert, anstatt die Loslösung von Lehre und Lebensweise der Organisation im Auge zu behalten und zu fördern.

Mit der Zeit aber wird das Bauchgefühl wieder stärker, und je mehr Raum für die Stimme des Herzens geschaffen wird, desto eher erholt es sich von all den Verletzungen.

Wie schon erwähnt, entscheidet die Liebe immer *für* die eigene Person und das eigene Wachstum, sie entscheidet sich *für* das, was einem gut tut und erkennt, was nicht gut tut. Als freier Mensch hat jeder die Wahl, zu wählen, wofür er sich entscheidet.

Ich habe mich für die bedingungslose Selbstliebe entschieden, denn über diese führt der Weg zur Selbstverwirklichung ...

... denn das Leben, das wir führen wollen, wählen wir selbst ...

Kapitel 6:
BEDINGUNGSLOSE SELBSTLIEBE

Selbstliebe zu leben ist persönlich sehr erfüllend und auch für die soziale Umgebung äußerst förderlich. Denn nur wer selbst gesund ist, kann anderen helfen, nur wer sich selber mag, mag auch andere und kann die Selbstliebe in ihnen fördern. Ein solcher Mensch macht das gar nicht gezielt, es ist einfach seine Ausstrahlung, die so auf andere wirkt. Fast jeder kennt zumindest einen Menschen, der so harmonisch, ausgeglichen, selbstbewusst und „fein" ausstrahlt, dass man sich in seiner Nähe unweigerlich wohl fühlt – und das, ohne dass derjenige etwas tut oder sagt. Das Herz spürt, wenn jemand sich selbst liebt, und der Körper spiegelt das entsprechend wider.

Für manche Menschen wirkt jemand, der sich selbst liebt, arrogant, selbstverliebt oder überheblich, oder vielleicht auch anders unangenehm. Oft kommt dies jedoch daher, dass ein sich selbst liebender Mensch keine Egospiele betreibt oder bei anderen Verhaltensmustern mitwirkt. Er ist völlig bei sich und erkennt viel leichter, aus welcher Motivation jemand etwas tut oder sagt. Selbstliebende Menschen sind meist sehr bewusst und aufmerksam, und für viele Menschen, die sich selbst nicht mögen, wirkt das befremdlich oder es macht ihnen sogar Angst.

Sich selbst zu lieben ist eine wunderbare Angelegenheit, durch die der Mensch sich durch und durch lebendig fühlt. Viele Ängste fallen dadurch weg, viele Stressfaktoren verschwinden ins Nichts. Die Interaktion mit anderen wird lieblicher, ehrlicher, authentischer und konkreter. Man selbst agiert zielgerichteter, hat mehr Raum für Spontaneität (weil weniger Sorgen und Ängste), hat auch mehr Raum für sich selber in dem, was einem wirklich wichtig ist.

Jemand mit gesunder Selbstliebe wird dennoch ab und an mit sich in irgendeinem Bereich hadern, ich vermute mal, dass das einfach menschlich ist. Doch es überwiegt nicht und beherrscht nicht den Alltag und die Stimmung. Eine „höhere" Form der Selbstliebe ist die *bedingungslose Selbstliebe*.

Dazu braucht es schon eine große Bewusstheit über sich selbst. Es erfordert, die eigenen tiefsten Abgründe zu erkennen, die dunkelsten Ecken im eigenen Wesen erforscht zu haben, und das haben nur sehr wenige Menschen. Bedingungslose Selbstliebe akzeptiert sich in *allen* Bereichen, immer und jederzeit. Kommt man auf etwas drauf, das einem nicht so taugt, dann ändert man es, schlicht und einfach, aber man wird nicht hadern mit sich oder diesem Aspekt, man wird sich nie verurteilen für etwas, das man denkt oder tut, sondern immer daraus lernen, dadurch wachsen. Sich selbst bedingungslos anzunehmen und lieben ist schon eine Art der Selbstmeisterschaft, die sehr deutlich macht, dass der Mensch an sich – ohne aufoktroyiertes Glaubenssystem, ohne Einimpfen von Geboten und Verboten, ohne Bestrafung/Belohnung usw – ein hochspirituelles und hochbewusstes Wesen ist. Zu dieser Erkenntnis würde man als aktiver Zeuge Jehovas jedoch niemals gelangen können.

Ist die Selbstliebe erarbeitet und gesund, will sie auch gepflegt werden. Was ist dafür wichtig?

Kapitel 7:
DIE PFLEGE DER SELBSTLIEBE

Selbstliebe pflegt sich durch den täglichen Umgang mit sich selbst. Je bewusster ein Mensch ist, desto ehrlicher ist er mit sich, und umso größer wird die Freude an und mit sich selber sein. Aus Freude mit sich selber heraus zwischenmenschlich zu interagieren hat eine komplett andere Qualität als wenn Spannung und Ängste da mitmischen.

Im Zuge des Erarbeitens der Selbstliebe werden sich ziemlich sicher die Freundschaften ändern, alte Freunde (die, die dabei bleiben wollen, sich selbst nicht zu mögen) werden wegfallen, neue Freunde (die sich selbst mögen) werden dazu kommen. Gerade in Sachen Selbstliebe ist der Spiegel der Außenwelt sehr fein; Es wird sofort und unmittelbar gespiegelt, wenn man nicht liebevoll zu sich selbst ist. Das ist wertvoll, denn für den Achtsamen ist das eine wertvolle Erinnerung, dran zu bleiben.

Wer sich selbst liebt, hat kein Problem mit dem Alleinsein. Er ist sozusagen gerne mit sich „zusammen", die Stunden des All-Ein-Seins mit sich sind für ihn sogar sehr wertvoll. Es kommt unter Umständen zu tiefen Einsichten und Erkenntnissen, die durchaus lebensverändernd sein können, und viele schöpfen aus der Zeit mit sich selbst Kraft und Energie. Zusammenhänge können dadurch klarer werden, auch Ideen zeigen sich in stillen Momenten, jedenfalls gibt es keine unguten Gefühle mehr bezüglich dem Alleinsein – was ohne Selbstliebe durchaus so ist, denn da fällt es schwer, allein zu sein (viele sind deshalb dennoch allein, weil sie Angst davor haben, mit anderen zusammen zu sein. Das ist aber etwas anderes, denn freiwillig sind sie nicht allein, und wohl fühlen sie sich dabei auch nicht).

Da Allerwertvollste an der Selbstliebe ist meinem Erleben nach, dass sich der Bezug zu „Gott" darin zeigt. Nicht „Gott", wie er bei den Zeugen Jehovas definiert und erklärt wird, sondern das Erspüren dieses inneren Funkens, der in allem Leben steckt und alles Leben lebendig erhält. In stillen Minuten oder in einer Meditation fühlt es sich an, als würde man das gesamte Universum in sich tragen, als würde man alles begreifen können, was es zu begreifen gibt. Es ist, als würde man eintauchen in das Zentrum allen Seins, wo alle Fäden zusammen laufen, wo sich Alles, was es gibt, trifft, um ins Nichts zu fließen und dort neu zu entstehen. Es ist schwer zu beschreiben, aber das ist für mich „Gott": wo alles einfach nur IST, was es ist, ohne Bewertung, ohne Einschränkung ... ohne Gedanken und ohne Worte dafür zu haben, einfach nur SELBST zu SEIN.

Und das hat mit „Jehova" absolut nichts zu tun. „Jehova" fühlt sich im Vergleich zu diesem Zustand eckig, kantig, hart, fiktiv und unecht an. Dieser Zustand dagegen fühlt sich weich und weit an, real und lebendig, echt und zutiefst erfüllend ... deshalb hat sich mein Gottesbild völlig verändert, weil ich es nun mit einem Gefühl im Innersten meines Herzens verknüpfen kann, anstatt ein Bild in meinem Verstand zu pflegen.

Jedenfalls ist Selbstliebe zu leben ein sehr erstrebenswertes Ziel, und ich bin sicher, dass demjenigen, der sich dafür entscheidet, alles im Leben hilfreich zur Seite stehen wird, um es zu erreichen.

Bei mir war es so, warum sollte es bei Dir anders sein? ☺

EPILOG

Selbstliebe ist einer der schwierigsten Aspekte des eigenen Wesens. Alle Bereiche in unserer Gesellschaft, Erziehung, Religion, Wirtschaft, Bildung, Arbeit, das soziale System usw ist darauf ausgerichtet, den Menschen als klein, unwert, unfähig, unwissend, unwürdig ... ja fast als den UN-Menschen darzustellen und zu behandeln. Völlig verblödete Gesetze müssen erlassen werden, offensichtlich weil der Mensch als unfähig zum selbstständigen Denken betrachtet wird – und davor schon dorthin erzogen wird. Großteils ist's freilich das absichtliche Dumm- und Stumpfhalten der Massen, die gewünscht ist, denn jeder der selbst denken kann, kann für das System gefährlich werden. Es liegt aber an jedem von uns selbst, zu entscheiden, ob man da mitmachen will oder sich aus dieser Struktur heraushievt.

Einer, der aus der Organisation der Zeugen Jehovas hinausgegangen ist, hat sich aus dieser Art Gesinnungs-Struktur bereits herausgelöst. Wer jetzt noch den Mut hat, so weit hinter die Kulissen zu sehen, bis er sich selbst, in seinem Kern, wieder gefunden hat, vor dem ziehe ich persönlich den Hut, und demjenigen spreche ich von ganzem Herzen meine echte Anerkennung aus, denn DAS ist eine grandiose Leistung.

Die bedingungslose Selbstliebe soll keine weitere Messlatte für einen Ex-Zeugen darstellen, sondern vielmehr das Ergebnis der frei für sich empfundenen Liebe ohne Bewertung und Einengung. Für einen Aussteiger aus der Organisation besteht leicht die Gefahr, sich neue (fremde) Vorgaben zu suchen und sich danach auszurichten, denn irgendwie ist das Streben nach Höherem, Besserem, Größerem usw so verinnerlicht, dass es sich richtig leer anfühlt, mal nach Nichts zu streben. Oder nicht besser, edler, vollkommener zu werden.

Wie fühlt sich das an, nichts tun zu müssen, nichts sein zu müssen, nichts haben zu müssen, nichts darstellen zu müssen, und sich dennoch liebzuhaben?

Diesen Gedanken möchte ich im Raum wirken lassen, denn ich finde ihn sehr heilsam. Anfangs hat es mir bei dieser Vorstellung einfach nur die Tränen rausgedrückt, ohne dass ich erklären konnte, was sich dabei in mir abspielt. Irgendwann aber erkannte ich darin die riesengroße Erleichterung meines Selbst, mir selbst endlich zu erlauben, das zu sein was ich bin. Es war die unbeschreibliche Sehnsucht meines Herzens und als Seele, zu dem zurück zu finden, was wir Menschen im Grunde unseres Seins sind: Herzenswesen.

Auf dem Weg der Selbstverwirklichung sind nun in Band 1 die Selbstachtung erfolgreich gemeistert, in Band 2 der Selbstwert, im Band darauf das Selbstvertrauen, in diesem Band die Selbstliebe, und im nächsten Band, dem fünften, geht's in die Zielgerade: der Selbstverwirklichung. Dort erst läuft alles, was bisher in dieser Buchreihe behandelt wurde, zusammen und formt sich zum Eigentlichen Ganzen, dem Selbst.

Ich freue mich sehr, dass Du diesen äußerst lohnenswerten Weg ins Zentrum des Selbst mitgehst und auf Deine Art und Weise selbst wagst – alles Glück des Universums möge Dich dabei begleiten!

© 2018 Silvia Lackner

Herstellung und Verlag:
BoD - Books on Demand, Norderstedt

ISBN 9-783752-887358

FSC
www.fsc.org

MIX

Papier aus ver-
antwortungsvollen
Quellen

Paper from
responsible sources

FSC® C105338